新 HSK（五级）
高分实战试卷
9

刘 云 主编

图书在版编目(CIP)数据

新HSK(五级)高分实战试卷.9/刘云主编.—北京:北京大学出版社,2012.10
(北大版新HSK应试辅导丛书)
ISBN 978-7-301-21231-8

Ⅰ.新… Ⅱ.刘… Ⅲ.汉语－对外汉语教学－水平考试－习题集 Ⅳ.H195-44

中国版本图书馆CIP数据核字(2012)第215525号

书　　　名：新HSK(五级)高分实战试卷9
著作责任者：刘　云　主编
责 任 编 辑：沈萌萌
标 准 书 号：ISBN 978-7-301-21231-8/H·3135
出 版 发 行：北京大学出版社
地　　　址：北京市海淀区成府路205号　100871
网　　　址：http://www.pup.cn
电 子 邮 箱：zpup@pup.pku.edu.cn
电　　　话：邮购部 62752015　发行部 62750672　编辑部 62752028
　　　　　　出版部 62754962
印　刷　者：三河市博文印刷厂
经　销　者：新华书店
　　　　　　787毫米×1092毫米　16开本　3.5印张　65千字
　　　　　　2012年10月第1版　2012年10月第1次印刷
定　　　价：12.00元

未经许可,不得以任何方式复制或抄袭本书之部分或全部内容。
版权所有,侵权必究　举报电话：010 - 62752024
　　　　　　　　　　电子邮箱：fd@pup.pku.edu.cn

目 录

一、听　力 ·· 1

二、阅　读 ·· 5

三、书　写 ·· 17

答案 ·· 19

听力材料及听力部分题解 ·································· 21

阅读部分题解 ·· 34

新 HSK（五级）

注　　意

一、HSK（五级）分三部分：

　　1. 听力（45 题，约 30 分钟）

　　2. 阅读（45 题，40 分钟）

　　3. 书写（10 题，40 分钟）

二、**答案先写在试卷上，最后 10 分钟再写在答题卡上。**

三、全部考试约 125 分钟（含考生填写个人信息时间 5 分钟）。

中国　北京　　　　　　　　　ⅩⅩⅩⅩ/ⅩⅩⅩⅩⅩⅩ　　编制

一、听 力

(听力内容请登录 http://www.pup.cn/dl/newsmore.cfm?sSnom=d203 下载)

第 一 部 分

第 1—20 题：请选出正确答案。

1. A 价格太贵　　　　　　　　　B 大小不合适
   C 颜色太鲜艳　　　　　　　　D 款式不好看

2. A 小张想退房子　　　　　　　B 女的想卖房子
   C 男的要租房子　　　　　　　D 房子需要装修

3. A 参加比赛　　　　　　　　　B 进行考试
   C 安慰男的　　　　　　　　　D 学习打篮球

4. A 谦虚　　　　　　　　　　　B 后悔
   C 不满　　　　　　　　　　　D 犹豫

5. A 女的很饿　　　　　　　　　B 男的迟到了
   C 女的关心男的　　　　　　　D 男的睡得晚了

6. A 夫妻　　　　　　　　　　　B 姐弟
   C 邻居　　　　　　　　　　　D 经理和秘书

7. A 要出国　　　　　　　　　　B 担心儿子
   C 不会做饭　　　　　　　　　D 没考上大学

8. A 工作不好找　　　　　　　　B 论文写完了
   C 健康很重要　　　　　　　　D 没时间上课

9. A 女的想做销售　　　　　　　B 公司要选经理
   C 男的要换工作　　　　　　　D 他们不是同事

10. A 男的　　　　　　　　　　　B 小兰
    C 女的　　　　　　　　　　　D 张刚

11. A 宾馆　　　　　　　　　　　B 超市
    C 邮局　　　　　　　　　　　D 银行

12. A 房东 B 秘书
    C 记者 D 空中小姐

13. A 接电话 B 报道新闻
    C 买麦克风 D 跟朋友唱歌

14. A 在北京工作 B 没时间吃饭了
    C 遇见了老朋友 D 喜欢和男的聊天

15. A 春季 B 夏季
    C 秋季 D 冬季

16. A 款式不好 B 价格太高
    C 质量不好 D 颜色太艳

17. A 怎样做汤 B 如何点菜
    C 怎样挑盐 D 如何把握咸淡

18. A 农村 B 城市
    C 养老院 D 孩子家

19. A 让女的放松 B 陪女的看书
    C 教女的打排球 D 向女的借书

20. A 个子不高 B 长得不错
    C 不善交流 D 想要辞职

第二部分

第 21—45 题：请选出正确答案。

21. A 经理与秘书　　　　　　　　　B 医生与病人
    C 司机与乘客　　　　　　　　　D 顾客与售货员

22. A 酸奶　　　　　　　　　　　　B 饼干
    C 水果　　　　　　　　　　　　D 牙刷

23. A 司机　　　　　　　　　　　　B 售货员
    C 理发师　　　　　　　　　　　D 美容师

24. A 生病了　　　　　　　　　　　B 去外地了
    C 出去旅游了　　　　　　　　　D 回家看母亲了

25. A 男的很辛苦　　　　　　　　　B 女的想旅游
    C 王经理要辞职　　　　　　　　D 工作人员紧缺

26. A 夫妻　　　　　　　　　　　　B 母子
    C 奶奶和孙子　　　　　　　　　D 父女

27. A 饭店　　　　　　　　　　　　B 旅馆
    C 理发店　　　　　　　　　　　D 电影院

28. A 着急　　　　　　　　　　　　B 难过
    C 吃惊　　　　　　　　　　　　D 烦恼

29. A 要结婚了　　　　　　　　　　B 喜欢逛街
    C 想买礼物　　　　　　　　　　D 不想过生日

30. A 在家休息　　　　　　　　　　B 回妈妈家
    C 出去旅游　　　　　　　　　　D 上网聊天

31. A 加班　　　　　　　　　　　　B 购物
    C 做饭　　　　　　　　　　　　D 买票

32. A 出差　　　　　　　　　　　　B 会友
    C 旅游　　　　　　　　　　　　D 购物

33. A 等人 B 加班
    C 打电话 D 作总结

34. A 生病了 B 被吓到了
    C 被爸爸批评了 D 和男的吵架了

35. A 姐弟 B 夫妻
    C 同事 D 邻居

36. A 车坏掉了 B 孩子病了
    C 公司加班 D 小狗丢了

37. A 咖啡馆里人太多 B 批评家非常伟大
    C 要教批评家画画儿 D 批评家没资格批评他

38. A 谦虚 B 机灵
    C 粗心 D 诚实

39. A 母鸡生病了 B 画家的话不对
    C 想请画家吃饭 D 画家的画很好

40. A 衣服 B 垃圾
    C 雨伞 D 日用品

41. A 装酒 B 插花
    C 接水 D 卖钱

42. A 怎样修袋子 B 如何美化房间
    C 保持健康的方法 D 怎样利用废弃物

43. A 报社里 B 公司里
    C 大街上 D 婚礼上

44. A 这周的天气变化 B 最新的娱乐新闻
    C 新人的趣事和照片 D 市里值得高兴的事

45. A 深入了解新人 B 一起享受美食
    C 了解城市的动态 D 打发无聊的时间

— 4 —

二、阅 读

第一部分

第46—60题：请选出正确答案。

46—48.

每一年的7月11日为世界人口日。1987年7月11日,地球人口__46__50亿。为了__47__这个特殊的日子,进一步促进各国政府人民重视和解决人口问题,1990年联合国根据其第36届会议的__48__,决定将每年7月11日定为"世界人口日",以引起人们对人口问题的关注。

46. A 获得　　　B 达到　　　C 增长　　　D 面临

47. A 纪念　　　B 承认　　　C 珍惜　　　D 相信

48. A 目的　　　B 方式　　　C 建议　　　D 能力

49—52.

每个人都有最需要帮助的时候。经过一周辛苦的工作,当你想__49__一个轻松的周末时,突然发现家里的水管坏了。你给管道工打电话,当他说"我就来"时,__50__。当你驾车在车水马龙的道路上,车子突然出了毛病,不能发动起来,后面的汽车又排成长龙,并一个劲儿地__51__你。这时你手忙脚乱地给一个朋友打电话,当他说"我就来"时,你的心里就像一块儿石头落了地,__52__也会随之恢复过来。

49. A 珍惜　　B 处理　　C 享受　　D 欣赏

50. A 你会感到极大的轻松　　　B 你的心情会变得很糟
　　C 你会觉得有电话真方便　　D 你可能认为会很麻烦他

51. A 劝　　　B 催　　　C 陪　　　D 拉

52. A 原则　　B 愿望　　C 运气　　D 情绪

53—56.

东汉时期,有个人名叫孙敬,是一位著名的政治家。他年轻时__53__好学,经常关起门,__54__一人不停地读书。每天从早到晚读书,常常连吃饭睡觉的时间都能忘记。时间久了,又困又累,他怕影响自己的读书学习,想出了一个很__55__的办法。古时候,男子的头发很长。他就找一根绳子,一头紧紧系在房顶上,另一头系在头发上。当__56__的时候,头一低,绳子就会牵住头发,这样会把头皮拉痛,使他马上清醒,再继续读书学习。

53. A 辛苦　　　B 勤劳　　　C 勤奋　　　D 艰苦

54. A 独立　　　B 单独　　　C 各自　　　D 亲自

55. A 特别　　　B 神秘　　　C 意外　　　D 非常

56. A 他准备认真读书　　　B 记不住书里的内容
　　C 他读书疲劳想睡觉　　　D 家人看到他这个样子

57—60.

人类的历史实质上是获得知识、利用知识改造世界、实现梦想的历史,所以知识、智慧和经验对你的__57__无疑是至关重要的。但只是获得、拥有前人的知识经验是不够的,__58__才是最重要的。我们平凡的生命因拥有梦想而伟大,短暂的人生旅程因为__59__梦想而变得有趣和有__60__。人生终将走向最后的空寂,但如果在这过程中,我们真诚地爱过、痛过、努力过,拥有坚强的信念,光明的梦想,那生命将不会空手而去。

57. A 成立　　　B 成就　　　C 成果　　　D 成长

58. A 充分利用时间去读书　　　B 拥有许多真正的好朋友
　　C 如何让自己变得更加聪明　　　D 将知识变为自己的人生智慧

59. A 实习　　　B 实行　　　C 实践　　　D 实验

60. A 意义　　　B 前途　　　C 记忆　　　D 作用

第二部分

第61—70题：请选出与试题内容一致的一项。

61. "二月二"就是农历二月初二，是民间传统节日，流行于全国各民族地区。此节风俗活动较多，又有"花朝节"、"春龙节"、"龙抬头日"等名字。为什么要"二月二"龙才抬头呢？因为传说中龙是负责降水的，而农历二月二农民们要开始种地了，需要雨水，有"春雨贵如油"之说，人们希望龙抬头能带来雨水和丰收。

   A 农民们在二月二开始种地
   B 二月二是汉族人民庆祝的节日
   C 二月二的风俗活动都和"龙抬头"有关
   D 人们希望"龙抬头"使春天的雨水多一些

62. 2009年11月徐易容于北京中关村创立了"美丽说"，截至2012年2月，"美丽说"注册用户数超过800万，每天页面访问量超过9000万，并以每天10%的速度增长，是目前国内最大的社区型女性时尚媒体。"美丽说"致力于为女性用户解决穿衣打扮，美容护肤等问题。"美丽说"通过关注更多的时尚密友、搭配高手，发现美丽，搜索流行。

   A "美丽说"创立时有800万注册用户
   B "美丽说"每天的页面访问量都在增长
   C "美丽说"是国内最大的社区型时尚媒体
   D "美丽说"致力于为女性用户解决穿衣打扮、美容和健康问题

63. 杨柳青年画约产生于明朝晚期，是中国著名民间木版年画，制作方法为"半印半画"，即先用木版刻出画面线纹，然后用墨印在纸上，套过两三次单色版后，再以彩笔填绘。杨柳青年画具有人物秀丽、色彩明艳、内容丰富、形式多样、情节幽默、题词有趣等特色，与苏州桃花坞年画并称"南桃北柳"。

   A 杨柳青年画大约产生于明朝早期
   B 杨柳青年画和苏州桃花坞年画都是木版年画
   C 杨柳青年画需要刻在木版上，也需要用彩笔画
   D 杨柳青年画具有人物秀丽、色彩明艳、内容简单等特色

64. "灰鸽子"是一个集多种控制方法于一体的木马病毒。"灰鸽子"自 2001 年诞生之日起就引发了高度关注，截至 2006 年底已经产生六万多变种。2004 年至 2006 年，"灰鸽子"木马连续三年被国内各大杀毒厂商评选为年度十大病毒。不过如不用于非法用途，"灰鸽子"也是一款优秀的远程控制软件。

    A 灰鸽子病毒产生了六万多变种
    B 灰鸽子在合法使用时是很好的软件
    C 灰鸽子是控制方法简单的木马病毒
    D 2006 年灰鸽子被网民评选为年度十大病毒

65. 砖茶就是外形像砖一样的茶叶，它也是紧压茶中比较有代表性的一种，砖茶根据原料和制作工艺的不同，可以分为黑砖茶、花砖茶、米砖茶、青砖茶等几类。砖茶对人体起着一定的保健作用。因而，在中国西北地区有"宁可三日无粮，不可一日无茶"之说，茶与奶、肉并列，成为西北各族人民的生活必需品。

    A 紧压茶的外形像砖一样
    B 砖茶只流行于中国西北地区
    C 砖茶和粮食对人体的保健作用一样
    D 砖茶的种类是根据原料和工艺划分的

66. 2003 年中国一本时尚杂志倡导设立男人节，该杂志称，已向联合国教科文组织中国区递交了申报材料，如果国际男人节申办成功，这将是第一个中国发起的国际性节日。为和女人节对应，男人节选在 8 月 3 日。目前有超过 7 成网友表示支持男人节，不少男同胞还收到了"男人节快乐"的祝福短信。上海几家知名公司还在这天给男性员工放了一天假。

    A 男人节是 2003 年中国某家报社设立的
    B 男人节是第一个由中国发起的国际性节日
    C 支持设立男人节的网友比反对设立的网友多
    D 上海的所有公司在 8 月 3 日给男性员工放了一天假

67. 灯影牛肉是四川达县的传统美食,已有一百多年历史。相传,这道菜是由唐代著名诗人元稹命名的。因肉片薄而宽,可以透过灯影,有民间皮影戏的效果而得名。灯影牛肉的选料和工艺都非常讲究。一头牛能制作灯影牛肉的部分一共才十公斤左右。目前,灯影牛肉的主要产地是达州和重庆,两地产品在长期发展中各有特色。

   A 灯影牛肉的肉片薄而窄
   B 灯影牛肉是由唐代著名诗人命名的
   C 灯影牛肉是四川达县和重庆的传统美食
   D 牛身上只有小部分肉可以制作灯影牛肉

68. "泰州学派"是中国历史中第一个真正意义上的思想启蒙学派,它发扬了王守仁的心学思想,主张解放人性。"泰州学派"影响极大,主要传人有王栋、赵贞吉、何心隐等,这些人中有高级官员,也有社会不稳定因素。这一派还中有"中国历史上最伟大的思想家"李贽和影响了明朝历史的人物徐阶。

   A "泰州学派"改变了明朝的历史
   B "泰州学派"的传人都是高级官员
   C "泰州学派"的主张和心学思想有关
   D "泰州学派"是中国历史上影响最大的思想启蒙学派

69. 白亮污染主要是指白天阳光照射强烈时,城市里建筑物光滑的表面反射光线引起的光污染。长时间在白亮污染环境下工作和生活的人们视力会急剧下降,还可导致血压升高,头昏心烦,失眠等症状。专家预计,由光污染引发的视环境保护技术的研究、护眼产品的开发等将会是21世纪的一大热点,并带来巨大的经济效益。

   A 白亮污染也叫光污染
   B 光污染促使人们开发护眼产品
   C 白亮污染只对人们的视力有影响
   D 视力下降使人血压升高、头昏心烦

70. 天宫一号是中国第一个目标飞行器和空间实验室,于 2011 年 9 月 29 日 21 时 16 分 3 秒在酒泉卫星发射中心发射。它的发射标志着中国迈入中国航天"三步走"战略的第二步第二阶段。2011 年 11 月 3 日顺利实现与神州八号飞船的对接任务。2012 年 6 月 18 日与神州九号飞船实现自动交会对接,在不久的将来,天宫一号还将与神州十号进行对接,并建立中国首个空间实验室。

    A 天宫一号是中国发射的第一个目标飞行器
    B 发射天宫一号标志着中国进入航天"三步走"的第一步
    C 神州八号、九号、十号都完成了与天宫一号的对接任务
    D 中国航天"三步走"的第三步是建立中国首个空间实验室

第 三 部 分

第71—90题：请选出正确答案。

71—74.

某一个地区，有两个报童在卖同一份报纸，二人是竞争对手。

第一个报童很勤奋，每天在大街上叫卖，嗓门也响亮，可每天卖出的报纸并不多，而且还有减少的趋势。第二个报童肯用脑子，除了在大街上叫卖外，他还每天坚持去一些固定场合，去了就给大家分发报纸，过一会儿再来收钱。地方越跑越熟，报纸卖出去的也就越来越多。渐渐的，第二个报童的报纸卖得更多，第一个报童能卖出去的就更少，不得不另寻生路。

第二个报童的做法大有深意：第一，在一个固定地区，对同一份报纸，读者客户是有限的。买了我的，就不会买他的，我先将报纸发出去，这些拿到报纸的人肯定不会再去买别人的报纸。等于我先占领了市场，我发得越多，他的市场就越小。这对竞争对手的利润和信心都构成打击。第二，报纸这东西不像别的消费品有复杂的决策过程，随机性购买多，一般不会因质量问题而退货。而且钱数不多，大家也不会不给钱，今天没零钱，明天也会一块儿给。第三，即使有些人看了报，退报不给钱，也没什么关系，一则总会积压些报纸，二则他已经看了报，肯定不会再买同一份报纸，相信他以后还会选择自己的报纸。

71. 第一个报童：
　　A 非常害羞　　　　　　B 资金很少
　　C 工作不认真　　　　　D 没有固定客户

72. 第二个报童的生意好是因为他：
　　A 抢先占领市场　　　　B 把报纸价格放低
　　C 会送一些小礼物　　　D 对人非常有礼貌

73. 可以替换文中最后一段"决策"的词语是：
　　A 奋斗　　　　　　　　B 决定
　　C 策略　　　　　　　　D 消费

74. 这个故事说明了什么？
    A 知识就是力量　　　　B 理想决定命运
    C 智慧胜于勇气　　　　D 自信非常重要

75—78.

方便面在中国的发展始于1970年,中国第一袋方便面出自上海益民食品四厂。制造方便面的机器是中国自己制造的土设备,年产量仅20吨。进入80年代,从国外引进的100余条生产线在全国迅速"开花"。到1989年,全国方便面生产线已达280条,年生产能力达70万吨。时隔6年后的1995年,生产能力增加到700万吨。由于前几年生产随意扩张,近年方便面产量增速缓慢。很多人把方便面称为垃圾食品,但在河南郑州召开的第六届中国面制品产业大会上,专家指出,方便面不仅不是垃圾食品,而且营养成分比较全面,人体所需要的6大营养素全都具备。目前国内外都在开发新的营养型方便面,比如加铁的营养强化型方便面、减肥型方便面、适合不能吃糖的病人食用的方便面等,将来可满足不同人群的营养需要。

75. 中国生产第一袋方便面是在：
    A 60年代　　　　　　B 70年代
    C 80年代　　　　　　D 90年代

76. 八十年代中国的方便面年生产力达到：
    A 20吨　　　　　　　B 100吨
    C 70万吨　　　　　　D 280万吨

77. 专家认为方便面：
    A 很有营养　　　　　B 是垃圾食品
    C 不适合病人吃　　　D 最好一周吃一次

78. 根据本文可知,减肥型方便面：
    A 价格很贵　　　　　B 只适合女性
    C 还没研发出来　　　D 深受大家欢迎

79—81.

彩虹是因为阳光照射到空中接近圆形的小水滴,造成光的色散及反射而形成。阳光照射水滴时会同时从不同角度射入,在水滴内也是以不同的角度反射。当中以40至42度的反射最为强烈,形成我们所见到的彩虹。

形成这种反射时,阳光进入水滴,先折射一次,然后在水滴的背面反射,最后离开水滴时再折射一次。因为水对光有色散的作用,不同的光的折射率有所不同,蓝光的折射角度比红光大。由于光在水滴内被反射,所以观察者看见的光的顺序是倒过来,红光在最上方,其他颜色在下。其实只要空气中有水滴,而阳光正在观察者的背后以低角度照射,便可能产生可以观察到的彩虹现象。

彩虹最常在下午,雨过天晴时出现。这时空气内灰尘少而充满小水滴,天空的一边因为仍有雨云而较暗。而观察者头上或背后已没有云,可以看见阳光,这样彩虹便会较容易被看到。彩虹的明显程度,取决于空气中小水滴的大小,小水滴体积越大,形成的彩虹越鲜亮,小水滴体积越小,形成的彩虹越不明显。一般冬天的气温较低,在空中不容易存在小水滴,下雨的机会也少,所以冬天一般不会有彩虹出现。

79. 阳光照射什么形成彩虹?
    A 光线   B 云彩
    C 水滴   D 空气

80. 彩虹的形成需要几次反射?
    A 一次   B 两次
    C 三次   D 不需要

81. 彩虹比较鲜艳的时候,空气中:
    A 灰尘较多   B 水珠较大
    C 云层较厚   D 光线较暗

82—86.

表弟大学刚毕业,在一家私营企业找了份工作,工资不高,工作还算轻松,在计算机前统计公司产品的销量,做一些报表。这份工作让他很不开心,他说:"和几个中专生干一样的工作,虽然工资比他们高点儿,但什么也学不到,这样下去太吃亏。"

那天吃饭,一起坐的除了表弟,还有一个当饭店老板的亲戚。他微微一笑:"我给你们讲讲我的经历吧。初中毕业后,因为家里穷,没钱再供我读书,我去学厨师。在厨师学校,我的成绩非常好,结果,被招聘到一家饭店。刚进饭店时,老板分配我上菜,我没有不高兴,一边上菜,一边观察厨师的操作技艺,很快学会了学校里没有学过的菜系和花样。有时,饭店生意忙,我也去后厨帮忙,拿的还是上菜的工钱。就这样干了一段时间,命运出现转机,一位厨师辞职了,老板让我试试,结果,我比辞职的厨师干得还好。因为有上菜的经历,我对客人们喜欢的饭菜比较了解,后来,饭店的菜系和品种很多采用我的设计。我在那家饭店干了5年,挣了将近15万元,这也算是我人生的第一桶金吧,用这笔钱,我开了现在这家饭店。"

那位亲戚接着说:"我认为你干的活儿一点儿也不吃亏,统计公司的产品销量,要不了多久,你就会对公司产品的销量了如指掌;你还能掌握公司主要客户的基本信息,以及公司的财务状况。这些核心的机密尽在你的掌握中,怎么能说自己吃亏呢?将来创业的话,这是无价之宝啊。"

82. 表弟为什么不满意自己的工作?
    A 觉得工资太低   B 工作强度太大
    C 认为没有前途   D 和同事相处不好

83. 亲戚刚到饭店时:
    A 受到老板的重用   B 经常去帮助别人
    C 认了厨师当老师   D 觉得工作很辛苦

84. 亲戚当上了厨师是因为:
    A 同事的推荐   B 客人的建议
    C 老板的欣赏   D 老师的支持

85. 可以替换文中"了如指掌"的词语是：
   A 一清二楚   B 易如反掌
   C 反手可得   D 一了百了

86. 下列哪项最适合做上文的标题？
   A 吃亏是福   B 一个出色的厨师
   C 自信是最重要的   D 寻找最优秀的人才

87—90.

毕业那年，老师站在讲台上给我们上了最后一节课，整节课上的气氛活跃，大家问了很多平时不敢问的问题，老师也都一一解答。最后老师说："你们的问题问完了，该我来问你们三个问题。"同学们喊道："老师，别说是三个，一百个我们也老老实实回答您。"

老师笑着说："第一个问题，世界上最高的山是哪座山？"大家大笑："喜玛拉雅山。"老师追问："第二高的呢？"同学们你看看我，我看看你，无人应声。老师在黑板上写：屈居第二与默默无闻毫无区别。

"第二个问题，有人要烧壶开水，等生好火发现柴不够，他该怎么办？"同学们有的说赶快去找，有的说去借、去买。老师说："为什么不把壶里的水倒掉一些？"大家一听，表示佩服。

"第三个问题，也是最后一个问题，古代有一人想学立身的本领，经过反复比较，决心去学杀龙的本领。他拜名师，日夜苦练，终有所成。他会怎么样呢？"同学们都说他能成为英雄、明星，受世人羡慕。老师摇头道："这个人一定会穷困一生，因为世上根本就没有龙。同学们好好想想吧，下课！"

在最后一节课里，老师短短的三个问题饱含哲理，发人深省。经历了很多年，我们才渐渐明白题中之义。如果当时的我们，在听完这三个问题之后，不是一笑而过，而是静下心来仔细思考、深刻理解，那么他的人生一定会非常精彩。

87. 关于这节课，下列哪项正确？
   A 同学们都很伤感   B 大家在认真复习
   C 老师回答了三个问题   D 给我们留下很深的印象

88. 通过第一个问题,老师希望我们:
    A 必须正确认识自己　　　　B 做事前要认真思考
    C 要有去争第一的勇气　　　D 做最适合自己的事情

89. 老师认为柴不够时,应该怎么把水烧开?
    A 马上去买一些　　　　　　B 向邻居借一点儿
    C 换一个小水壶　　　　　　D 倒掉一部分水

90. 第三个问题告诉我们:
    A 对自己要有信心　　　　　B 不能没有进取心
    C 要找准人生的方向　　　　D 得给自己定个目标

三、书 写

第一部分

第91—98题：完成句子。

例如：发表　这篇论文　什么时候　是　的

　　这篇论文是什么时候发表的？

91. 挂号　请问　开始　几点

92. 改善　很大　交通　北京的　了　得到

93. 很大　冒　这种　做　生意　要　风险

94. 一定的　方案　这个　问题　还　存在

95. 从事　他　教学　这些年　工作　主要

96. 次要　相比　跟过程　是　的　结果

97. 抽屉　开　谁　拉　把　了

98. 非常　领导的　让　批评　我　不安

第 二 部 分

第 99—100 题：写短文。

99. 请结合下列词语（要全部使用），写一篇 80 字左右的短文。

　　实习　　幸亏　　信任　　效率　　尤其

100. 请结合这张图片写一篇 80 字左右的短文。

答 案

一、听 力

第一部分

1. C	2. A	3. C	4. B	5. C
6. C	7. B	8. C	9. B	10. B
11. D	12. B	13. D	14. C	15. D
16. C	17. D	18. D	19. A	20. B

第二部分

21. B	22. D	23. C	24. B	25. D
26. B	27. A	28. A	29. C	30. B
31. B	32. B	33. C	34. B	35. D
36. A	37. D	38. B	39. B	40. D
41. B	42. D	43. D	44. C	45. A

二、阅 读

第一部分

46. B	47. A	48. C	49. C	50. A
51. B	52. D	53. C	54. B	55. A
56. C	57. D	58. D	59. C	60. A

第二部分

61. D	62. B	63. C	64. B	65. D
66. C	67. D	68. C	69. B	70. A

第三部分

71. D	72. A	73. B	74. C	75. B
76. C	77. A	78. C	79. C	80. A
81. B	82. C	83. B	84. C	85. A
86. A	87. D	88. C	89. D	90. C

三、书 写

第一部分

91. 请问几点开始挂号?
92. 北京的交通得到了很大改善。
93. 做这种生意要冒很大风险。
94. 这个方案还存在一定的问题。
95. 他这些年主要从事教学工作。
96. 跟过程相比,结果是次要的。
97. 谁把抽屉拉开了?
98. 领导的批评让我非常不安。

第二部分

(参考答案)

99. 现在很多公司都抱怨,来公司实习的大学生工作不积极、效率低,尤其是工作能力还不如高中毕业生。一些老板甚至说,幸亏没让这些实习生做什么重要工作。其实,公司应该给这些实习生足够的信任和帮助。

100. 今天,我陪总经理去一家公司签合同。对方的签字代表竟然是我以前的同学小王,不过他好像已经不认识我了。签完合同,小王突然向我伸出手,笑着说:"以前我们是同学,以后我们就是合作伙伴了"原来他还记得我啊。

听力材料及听力部分题解

(音乐,30秒,渐弱)

大家好!欢迎参加HSK(五级)考试。
大家好!欢迎参加HSK(五级)考试。
大家好!欢迎参加HSK(五级)考试。

HSK(五级)听力考试分两部分,共45题。
请大家注意,听力考试现在开始。

第 一 部 分

第1到20题:请选出正确答案。现在开始第1题:

1.

女:我给你买的那件衣服,怎么不见你穿啊?
男:那件衣服太亮了,我不好意思穿出去。
问:男的为什么不穿女的给他买的衣服?

A 价格太贵　　　B 大小不合适
C 颜色太鲜艳　　D 款式不好看

【题解】选项中出现了"价格"、"大小"、"颜色"和"款式",考生可以推测对话的内容应该和衣服有关。从"那件衣服太亮了,我不好意思穿出去"可以知道,男的不穿女的给他买的衣服是因为觉得那件衣服颜色太鲜艳了。正确答案是C。

2.

男:小张说这房子的房租实在是太贵了,下个月不想租了。
女:这里地段这么好,有很多人想租这房子。我不会降房租的。
问:根据对话,可以知道什么?

A 小张想退房子　　B 女的想卖房子
C 男的要租房子　　D 房子需要装修

【题解】从听力材料中看,小张认为房租太贵了,不想租了,女的应该是房子的主人,她觉得自己的房子地段很好,小张不租,其他的人也会租的。正确答案是A。

3.

男:我真是太粗心了,关键时刻竟然没注意到陈奇要投篮。

女：你不要太把比赛当成一回事，友谊第一，比赛第二嘛。

问：女的正在做什么？

A 参加比赛　　B 进行考试
C 安慰男的　　D 学习打篮球

【题解】从听力材料中看，男的因为在篮球比赛中粗心大意导致他们输掉了比赛，女的说"友谊第一，比赛第二"，也就是说男的不必太在意比赛的结果，她是在安慰男的。正确答案是C。

4.

男：小兰早就提醒我要注意这个问题，现在想想当初真该听她的话。

女：现在说什么都晚了，你快想想解决这件事的办法吧！

问：男的现在有什么态度？

A 谦虚　**B 后悔**　C 不满　D 犹豫

【题解】从选项看，这道题应该和某人的心理和态度有关。这一类型的题目，考生需要注意两个问题：一是听清对话的内容，判断说话人应有的情绪或语气；二是注意说话人表达情绪或语气的关键词语。

根据听力材料，男的觉得自己当初应该听小兰的话，可惜现在晚了，也就是说他现在后悔当初没有听小兰的劝告。正确答案是B。

5.

男：饿死了，今天早上起晚了，差点儿迟到，都没来得及吃早餐。

女：早餐很重要，你怎么能不吃呢，你平时一定要注意身体啊。

问：根据对话，可以知道什么？

A 女的很饿　　B 男的迟到了
C 女的关心男的　D 男的睡得晚了

【题解】根据听力材料可以知道，男的因为早上起晚了，没有时间吃早餐导致现在很饿，女的通过这件事劝男的要注意身体，告诉他吃早餐的重要性，可见女的很关心男的。正确答案是C。

6.

男：小丽，真是太麻烦你了，我出差这两天，孩子天天在你家里吃饭。

女：说什么呀，只是多加副碗筷罢了，张老师，你太客气了。

问：他们可能是什么关系？

A 夫妻　　　　B 姐弟
C 邻居　　　D 经理和秘书

【题解】根据选项可以知道，这是一道关系题。这一类型的题目，考生需要注意两点：一是男女双方的称呼，可以直接反映两人的关系；二是男女双方谈话的内容，根据内容判断两人的关系。

从听力材料来看，根据男的对女的的称呼"小丽"和女的对男的的称呼"张老师"可以知道,他们肯定不是夫妻、姐弟或者经理和秘书的关系,因此这道题的答案只可能是邻居关系。正确答案是C。

7.

男:你儿子能去美国留学了,你一定特别高兴吧?
女:说实话,我真是半喜半忧,他能出国留学我当然开心,但是我也担心他在国外照顾不好自己。
问:关于女的,可以知道什么?

A 要出国　　　**B 担心儿子**
C 不会做饭　　D 没考上大学

【题解】材料中提到女的的儿子要出国了,女的一方面很高兴,另一方面也很担心儿子。正确答案是B。

8.

女:这段时间,我要上课,写论文,找工作,别提多忙了!
男:再忙也要注意身体啊,累坏了身体就什么也做不成了。
问:男的主要是什么意思?

A 工作不好找　　B 论文写完了
C 健康很重要　　D 没时间上课

【题解】根据女的的话可以知道这段时间她非常忙,但男的说"再忙也要注意身体啊,累坏了身体就什么也做不成了",也就是说他觉得健康很重要。正确答案是C。

9.

男:销售经理评选的要求有什么?
女:必须在公司工作三年以上,研究生及以上学历,对公司有重大贡献的人优先考虑。
问:根据对话,可以知道什么?

A 女的想做销售
B 公司要选经理
C 男的要换工作
D 他们不是同事

【题解】根据听力材料可以知道,男的询问女的公司销售经理的评选标准,女的主要是对男的的问题做出解答,告知其评选条件,也就是说现在公司要选销售经理。正确答案是B。

10.

男:我以为自己来得最晚,没想到小兰还没来呢。
女:我也刚来了一会儿了,可张刚早就过来了。
问:谁是来得最晚的人?

A 男的　　**B 小兰**　　C 女的　　D 张刚

【题解】根据"我以为自己来得最晚,没想到小兰还没来呢"可以知道,男的来时,小兰还没有来,但女的和张刚已经来了,也就是说,四个人中,只有小兰是来得最晚的,因此正确答案是B。

11.

> 女:先生,卡里还有九万五千块钱,不够十万。
> 男:那就全都取出来吧,谢谢!
> 问:他们最可能在哪儿?

A 宾馆　B 超市　C 邮局　**D 银行**

【题解】根据选项可以知道,这是一道地点题。对话中一定会出现带有明显地点特征的事件或物品,考生在听的时候要注意。

根据听力材料可以知道,对话中出现了钱数,以及"全都取出来吧"这些关键词,也就是说男的应该是在取钱,女的应该是银行的工作人员。正确答案是D。

12.

> 男:小李,把今天的日程安排拿给我看一下,顺便帮我订一张下周一到上海的机票。
> 女:我马上去办。半个小时后,您要参加一个宴会,需要叫张亮来公司接您吗?
> 问:女的最可能是做什么的?

A 房东　　　　**B 秘书**
C 记者　　　　D 空中小姐

【题解】从选项看,这是一道身份题。考生在做这一类型的题目时,需要注意对话中男女谈论的主题,他们对对方的称呼以及他们要做的事情。

根据"需要叫张亮来公司接您吗"这句话可以知道,他们都在公司上班,此外,男的叫女的"小李",而且还要求女的为其安排日程、订机票,女的回答说"我马上去办",说明她对男的的命令不敢违抗,对他也很尊重,还提醒男的参加宴会,这说明女的应该是男的的秘书。正确答案是B。

13.

> 男:前台吗?请派名服务员过来看一下,我们包间里有个麦克风没有声音。
> 女:好的,请等一下。
> 问:男的最有可能在做什么?

A 接电话　　　　B 报道新闻
C 买麦克风　　　**D 跟朋友唱歌**

【题解】从听力材料来看,女的应该是前台服务人员,男的在包间,要求前台派人来修麦克风,这一般是唱卡拉OK时的场景。他们在交谈,但并没有面对面,也就是说男的在给前台打电话,但并非接电话。正确答案是D。

14.

> 男:你们怎么聊起来就没完没了?
> 女:很多年没见过了,就多聊了几句,没想到张兰毕业后就去北

24

京发展了。

问:关于女的,下面哪项正确?

A 在北京工作 B 没时间吃饭了
C 遇见了老朋友 D 喜欢和男的聊天

【题解】根据"很多年没见过了,就多聊了几句,没想到张兰毕业后就去北京发展了"可以知道,她和张兰是很多年没见的老朋友,今天遇到就聊起来了。正确答案是C。

15.

女:老公,你十月份的时候就说带我去哈尔滨旅游,都快过了三个月了,你到底什么时候带我去啊?

男:现在哈尔滨很冷的,明年夏天的时候我们再去吧!

问:现在是什么季节?

A 春季 B 夏季 C 秋季 **D 冬季**

【题解】从选项看,本题和季节有关。做这一类型的题,考生要注意句子中和季节有关的信息,特别是某些带有"符号性"的信息,同时最好还要具备中国文化中和季节有关的知识,包括有明显季节特征的成语,和中国一些著名传统节日所在的季节。

在听力材料中,考生可以听到"十月"、"三个月"、"夏天",但不能听到哪个就选哪个,女的说话的时候应该是十月后的第三个月了,也就是说现在应该

是一月份,是冬天。正确答案是D。

16.

男:你怎么没有买那个手机?价格太高了吗?

女:不是因为贵,主要是我觉得那个手机质量太差。

问:女的为什么没有买那个手机?

A 款式不好 B 价格太高
C 质量不好 D 颜色太艳

【题解】根据选项可以知道,这道题应该和商品的性质有关,因为选项中出现了"款式"、"价格"、"质量"和"颜色",在这些词同时出现时,对话内容很可能就是与商品的评价有关。

根据听力材料可以知道,女的不买那个手机不是因为价格高,而是因为她觉得手机质量不好。正确答案是C。

17.

男:我做菜的时候,总是拿不准放多少盐,每次不是咸了就是淡了。

女:你做的时候先少放一点儿,尝尝咸淡,如果淡了就再放一点儿。

问:男的希望女的教他些什么?

A 怎样做汤 B 如何点菜
C 怎样挑盐 **D 如何把握咸淡**

【题解】根据男的的话可以知道,他希望

女的指点他做菜的时候放盐的技巧,因此正确答案是D。

18.

女:你觉得在哪里养老好,农村还是城市?
男:我觉得哪儿也比不上孩子的家里,和孩子住在一起,心情会好很多。
问:男的认为在哪里养老好?

A 农村　　　　　B 城市
C 养老院　　　**D 孩子家**

【题解】在听力材料中出现了"农村"、"城市"、"养老"等词,对考生的迷惑性很大,考生一定不要听到某个词之后就急于下结论,要听懂听全再做选择。根据男的的话"我觉得哪儿也比不上孩子的家里"可以知道,他认为孩子家里是养老的好地方。正确答案是D。

19.

男:到楼下去打排球吧,你都看了一上午的书了,出去活动活动吧。
女:下周就要考试了,我想再复习一下,你找别人吧。
问:男的想做什么?

A 让女的放松　　B 陪女的看书
C 教女的打排球　　D 向女的借书

【题解】从听力材料上看,男的希望女的不要继续看书了,下去玩儿玩儿休息休息,放松一下再看书,女的认为时间紧迫,要抓紧时间复习功课。正确答案是A。

20.

男:听说你们人事部刚调来了一个新人,那人怎么样啊?
女:他叫张庆,以前在营业部工作,上个星期才调过来,长得又高又帅,也很好相处,我们都很喜欢他。
问:关于张庆,可以知道什么?

A 个子不高　　　**B 长得不错**
C 不善交流　　　D 想要辞职

【题解】根据"以前在营业部工作,上个星期才调过来,长得又高又帅,也很好相处,我们都很喜欢他"可以知道,张庆个子很高,长得不错,善于交流。正确答案是B。

第二部分

第21到45题:请选出正确答案。现在开始第21题:

21.

> 男:张主任,吃药期间,需要注意些什么吗?
> 女:注意保暖,不要再着凉了,还有最好不要吃辛辣的食物,避免对嗓子的刺激。
> 男:知道了,谢谢您!
> 女:不用谢,你到一楼付钱,然后到药房取药吧。
> 问:他们可能是什么关系?

A 经理与秘书　　**B 医生与病人**
C 司机与乘客　　D 顾客与售货员

【题解】根据听力材料,男的在询问女的生病期间要注意什么,也就是说女的应该是医生,男的来这里看病,因此他们应该是医生与病人的关系,所以正确答案是B。

22.

> 男:今天去超市有什么收获啊?
> 女:我买了两瓶酸奶,三包饼干,还有一袋水果。
> 男:没给小丽买牙刷吗?她早上不是让你帮着买一支吗?
> 女:我忘了,只能吃过晚饭再去帮她买了。
> 问:女的忘了买什么?

A 酸奶　B 饼干　C 水果　**D 牙刷**

【题解】根据听力材料,女的今天去超市买了很多东西,对话中提到了"酸奶"、"饼干"、"水果"和"牙刷",四个选项都出现在了对话中,但问题是问女的忘了买什么,所以考生要根据问题选择正确答案。根据对话可以知道女的忘了给小丽买牙刷。正确答案是D。

23.

> 男:上次头发做的效果怎么样?
> 女:还不错,我朋友都说我因为头发的颜色漂亮,连皮肤都显得白了很多!
> 男:那您今天想怎么做?上周我们店刚请了一位新师傅,你可以请她给你设计一个新发型。
> 女:好的。可以试一试。
> 问:男的可能是做什么的?

A 司机　　　　　B 售货员
C 理发师　　　　D 美容师

【题解】根据选项可以知道这是一道身份题,与一个人的职业有关系。这类题型的对话中总会出现与职业特点相关的词汇,考生要抓住关键词,再加以判断。

根据听力材料,女的对在男的店里做的头发很满意,现在想请男的再介绍

27

一个新发型,也就是说女的是来理发店做头发,男的是理发店的理发师。正确答案是C。

24.

男:上个月没见你来公园锻炼身体,生病了吗?
女:不是,上个月报社派我到上海出差了,前几天才回来的。
男:听说那里很现代,没去逛逛吗?
女:哪儿有时间啊,每天除了采访,还要写稿子,一天下来就只想睡觉了。
问:女的上个月为什么没来锻炼?

A 生病了　　　　**B 去外地了**
C 出去旅游了　　D 回家看母亲了

【题解】根据"上个月报社派我到上海出差了,前几天才回来的"可以知道女的上个月没来公园锻炼是因为她去上海出差了。正确答案是B。

25.

男:这一个月你太辛苦了,带完这个团,你好好休息休息吧!
女:难道我不想吗?公司不是正缺导游吗?
男:又给你新任务了吗?
女:对啊,前两天王经理说让我下个月一号带团去海南三亚。
问:根据对话,可以知道什么?

A 男的很辛苦　　B 女的想旅游
C 王经理要辞职　**D 工作人员紧缺**

【题解】从听力材料中看,女的应该是一名导游,最近工作很辛苦,但没有提及男的是否辛苦,所以A项不正确。B和C两项对话中没有涉及到。正确答案是D。

26.

男:今晚去爸妈家吃的什么呀?
女:妈妈给我和小亮做了饺子,特别好吃,可惜你没有吃到。
男:如果不是公司突然要加班,我早就过去了。
女:小亮还问爸爸去哪里了呢,怎么没有来奶奶家吃饭,看儿子多么关心你。
问:女的和小亮是什么关系?

A 夫妻　　　　**B 母子**
C 奶奶和孙子　D 父女

【题解】根据听力材料,女的和小亮今晚去爸妈家吃饭了,而小亮管他们的妈妈叫奶奶,管男的叫爸爸,那他应该是女的的儿子。考生在答题时,要听清楚问题让我们选的是哪两个人的关系。正确答案是B。

27.

女:先生,对不起,现在是用餐高峰期,大概要二十分钟之后才会有位子,您到休息室等一会儿,好吗?
男:不用了,我一会儿再来吧,请帮我留一张靠近窗口的四人桌,可以吗?
女:好的,我们会尽量安排的,请问先生贵姓?
男:我姓赵,这是我的电话。
问:女的可能在哪里工作?

A 饭店　　　　B 旅馆
C 理发店　　　　D 电影院

【题解】根据听力材料可以知道,男的要吃饭,由于用餐高峰期,需要等候,于是他就先订了一张桌子。而女的应该是饭店的服务员。正确答案是 A。

28.

女:你去人事部看一下,怎么新秘书还没就职?
男:我上午去看了,他们说还没找到合适的人选。
女:明天小张就要休产假了,你让他们快点儿,这办事效率太低了。
男:是的,我马上就去催他们。
问:女的是什么语气?

A 着急　B 难过　C 吃惊　D 烦恼

【题解】在听力材料中,可以知道,因为小张要休产假了,但新任的秘书还没有找到,所以女的现在很着急,让男的催人事部快点儿招聘新秘书。正确答案是 A。

29.

男:我姐姐下个月就要结婚了,你说我送她什么结婚礼物好啊?
女:你作为弟弟,应该送点儿有意义的东西。
男:我也是这么想的,可是我都在街上逛了三天了,都没找到合适的东西。
女:不如你自己亲手做点儿东西,这样的礼物意义就不同了。
问:关于男的,可以知道什么?

A 要结婚了　　　　B 喜欢逛街
C 想买礼物　　　D 不想过生日

【题解】从听力材料中看,男的正在为给姐姐买什么结婚礼物而烦恼,女的建议他自己亲手做点儿东西,这样会很有意义。正确答案是 C。

30.

男:中秋节放三天假,你打算干什么去呀?
女:这段时间工作这么累,我本打算在家休息的,可我妈早就打电话过来要我们都回家过节。
男:全家人难得团聚嘛,我想去北京旅游,不知道这几天天气怎么样?

29

女：有时间上网查查啊，我觉得这几天天气应该都不错。

问：女的中秋节有什么安排？

A 在家休息　　B 回妈妈家
C 出去旅游　　D 上网聊天

【题解】从听力材料中看，根据"我本打算在家休息的，可我妈早就打电话过来要我们都回家过节"可以知道，中秋节女的要回家和妈妈一起过。正确答案是B。

第31到33题是根据下面一段对话：

男：最近都忙什么呢？

女：快过年了，公司要做年终总结，很多材料都需要整理统计，这一周都加了三天班了。

男：那今天晚上你还要加班吗？

女：(31)今晚不用，我想去超市，准备准备过年用的东西。

男：(33)那我下午六点来接你，我们一起吃个晚饭，然后你再和你嫂子一起去买东西吧。

女：好的，嫂子来上海了吗？

男：是啊，(32)她来这里看看老朋友，然后再和我们一起回老家。

女：我还真想嫂子了，那晚上见了，我还要工作呢，你们先忙吧。

31．女的今天晚上要做什么？

A 加班　**B 购物**　C 做饭　D 买票

【题解】根据"今晚不用，我想去超市，准备准备过年用的东西"可以知道，女的今晚要去超市买东西。答案是B。

32．男的的妻子来上海做什么？

A 出差　**B 会友**　C 旅游　D 购物

【题解】从听力材料中男的的话"她来这里看看老朋友"可以知道，男的的妻子来上海看她的朋友。正确答案是B。

33．他们正在做什么？

A 等人　　　　　B 加班
C 打电话　　　D 作总结

【题解】从听力材料中看，两个人并没有面对面说话，男的说下午六点要来接女的，所以他们现在应该是在打电话，因此正确答案是C。

第34到36题是根据下面一段对话：

男：小张，你脸色怎么这么白，发烧了吧？

女：(34)刚才从小路过来时，突然从草丛中跳出了一条小狗，把我吓坏了。

男：不要怕，下次你再走夜路就带一个手电筒。

女：知道了，谢谢，王哥，你刚下班回来吗？

男：早就下班了，我吃过晚饭出去散了会儿步。

女：(35)怎么没见嫂子和你家小刚啊？

30

男:他们娘俩在家里看电视呢,你怎么这么晚才回来,又加班了吗?
女:(36)没有,半路上自行车坏了。

34. 女的为什么脸色不好?
A 生病了　　　**B 被吓到了**
C 被爸爸批评了　D 和男的吵架了
【题解】从听力材料看,女的的脸色不好是因为"刚才从小路过来时,突然从草丛中跳出了一条小狗,把我吓坏了"。正确答案是B。

35. 他们可能是什么关系?
A 姐弟　B 夫妻　C 同事　**D 邻居**
【题解】从听力材料来看,女的叫男的"王哥",还说"怎么没见嫂子和你家小刚啊",说明他们住得很近,也就是说他们应该是邻居。正确答案是D。

36. 女的回来晚了是因为什么?
A 车坏掉了　　　B 孩子病了
C 公司加班　　　D 小狗丢了
【题解】从听力材料来看,这道题是要问女的回来晚了的原因。从女的的话可以知道,她今天回来晚的原因不是因为加班而是因为自行车坏了。正确答案是A。

第37到39题是根据下面一段话:

一位画家在咖啡馆里,遇见了曾经批评他作品的一位批评家。于是画家对批评家说:"(37)要对一幅画儿品头论足,首先要学会画画儿。""画家先生,"批评家回答说:(38)(39)"我一辈子都没下过一个鸡蛋,但是,请你相信,我在品评炒鸡蛋的味道方面,要比任何一只母鸡都强。"

37. 画家的话是什么意思?
A 咖啡馆里人太多
B 批评家非常伟大
C 要教批评家画画儿
D 批评家没资格批评他
【题解】画家说:"要对一幅画儿品头论足,首先要学会画画儿",实际上是说批评家不会画画儿,也不懂画画儿,没有资格对他的画儿进行评价。正确答案是D。

38. 批评家是一个什么样的人?
A 谦虚　**B 机灵**　C 粗心　D 诚实
【题解】从听力材料中看,画家首先讽刺了批评家,而批评家又用品鸡蛋和下鸡蛋这件事来反击画家,其间充满幽默,但讽刺意味十足,这说明批评家非常聪明,十分机灵。正确答案是B。

39. 批评家的话主要是什么意思?
A 母鸡生病了　　**B 画家的话不对**

31

C 想请画家吃饭　D 画家的画很好

【题解】根据批评家的话可以知道,虽然他不会下鸡蛋,但比会下鸡蛋的母鸡会品评炒鸡蛋,言外之意是即使他不会画画儿,也比会画画儿的画家更会品画儿,就是说批评家认为画家的观点是错误的。正确答案是B。

第40到42题是根据下面一段话：

(42)有些废弃物只要稍加处理,就可以变废为宝。例如(40)有些糖果的包装袋有封口,容积也比较大,出差的时候可以用来装日用品。(41)现在很多酒瓶造型十分独特,拿它做花瓶最好不过了,买一些花插在里面,就成了一件十分漂亮的装饰品。伞套也不要随便丢弃,可以用来放卷好的袜子,大小非常合适。如果需要透气,只需打几个小洞就可以了。

40. 有封口的糖果包装袋可以用来装什么？

A 衣服　B 垃圾　C 雨伞　**D 日用品**

【题解】根据"有些糖果的包装袋有封口,容积也比较大,出差的时候可以用来装日用品"这句话可以知道,有封口的包装袋可以用来装日用品。正确答案是D。

41. 造型独特的酒瓶可以用来做什么？

A 装酒　**B 插花**　C 接水　D 卖钱

【题解】根据"现在很多酒瓶造型都十分独特,拿它做花瓶最好不过了"这句话可以知道,造型独特的酒瓶可以用来插花。正确答案是B。

42. 这段话主要在谈什么？

A 怎样修袋子

B 如何美化房间

C 保持健康的方法

D 怎样利用废弃物

【题解】从听力材料中的"有些废弃物只要稍加处理,就可以变废为宝"这句话可以知道,这段话主要在讲如何变废为宝,如何利用生活中的废弃物。正确答案是D。

第43到45题是根据下面一段话：

(43)前些天参加朋友的婚礼,婚宴上见到一件很新鲜的事儿。参加婚礼的每位来宾手中都拿着一份像电影海报一样的彩色报纸——《爱人喜报》。仔细看过才知道,原来这份"报纸"是一家叫"爱人联合"的单位专门为这对新人量身定做的。(44)上面有新人恋爱过程中的趣事和精美的结婚照片。(45)来宾可以在婚礼开始之前,对新人恋爱的过程有一个深入的了解,共同感受新人爱情果实的幸福。相信这种特殊的方式将成为婚礼的新时尚。

43. 说话人是在哪里见到《爱人喜报》的？

A 报社里　　B 公司里

C 大街上　　**D 婚礼上**

【题解】从"前些天参加朋友的婚礼，婚宴上见到一件很新鲜的事儿"这句话可以知道，我是在朋友的婚礼上看到《爱人喜报》的。正确答案是D。

44.《爱人喜报》的主要内容是什么？

A 这周的天气变化

B 最新的娱乐新闻

C 新人的趣事和照片

D 市里值得高兴的事

【题解】根据"上面有新人恋爱过程中的趣事和精美的结婚照片"这句话可以知道，《爱人喜报》主要是介绍新人的趣事，登载新人的照片。正确答案是C。

45. 发给大家报纸的目的是什么？

A 深入了解新人

B 一起享受美食

C 了解城市的动态

D 打发无聊的时间

【题解】根据"来宾可以在婚礼开始之前，对新人恋爱的过程有一个深入的了解，共同感受新人爱情果实的幸福"这句话可以知道，发给大家报纸主要是为了让大家一起分享新人的恋爱过程，感受新人的幸福甜蜜。正确答案是A。

听力考试现在结束。

阅读部分题解

第 一 部 分

第46—60题:请选出正确答案。

46—48.

> 每一年的7月11日为世界人口日。1987年7月11日,地球人口__46__50亿。为了__47__这个特殊的日子,进一步促进各国政府人民重视和解决人口问题,1990年联合国根据其第36届会议的__48__,决定将每年7月11日定为"世界人口日",以引起人们对人口问题的关注。

46. A 获得　**B 达到**　C 增长　D 面临

【题解】A项"获得"表示得到,多用于抽象事物;B项"达到"表示到,多用于抽象事物或某种程度;C项"增长"表示增加、提高;D项"面临"表示面前遇到问题、困难等。到1987年7月11日,地球人口不可能多了50亿,C项不正确;D项"面临"表示面前遇到,但不会在某个时间点遇到,D项不正确;A项"获得"强调得到、拥有,B项"达到"强调"到",而且可以表示到了某个程度,因此本题选择B项。

47. **A 纪念**　B 承认　C 珍惜　D 相信

【题解】A项"纪念"表示用事物或行动对人或事物表示怀念;B项"承认"表示肯定、同意、认可;C项"珍惜"表示珍重爱惜,多是重要的或难得的事物;D项"相信"表示认为正确或确实而不怀疑。时间应该"珍惜",但日期不能"珍惜",C项不正确;"承认"和"相信"是一种态度,不是目的,"1987年7月11日,地球人口达到50亿"是一件事,不搭配,B项、D项不正确;根据文章,"世界人口日是7月11日"和"1987年7月11日,地球人口达到50亿"有关,说明确定世界人口日是用行动对这件事做出的表示,本题选择A项。

48. A 目的　B 方式　**C 建议**　D 能力

【题解】A项"目的"表示想要达到的结果;B项"方式"表示说话做事采取的方法和形式;C项"建议"表示向人提出自己的主张;D项"能力"表示能完成某项任务的主观条件,多指人的。根据文章,本题需要选出使联合国"决定将每年7月11日定为'世界人口日'"的根据、基础,四个选项中只有C项"建议"可以作为做决定的基础,本题选择C项。

49—52.

每个人都有最需要帮助的时候。经过一周辛苦的工作，当你想___49___一个轻松的周末时，突然发现家里的水管坏了。你给管道工打电话，当他说"我就来"时，___50___。当你驾车在车水马龙的道路上，车子突然出了毛病，不能发动起来，后面的汽车又排成长龙，并一个劲儿地___51___你。这时你手忙脚乱地给一个朋友打电话，当他说"我就来"时，你的心里就像一块儿石头落了地，___52___也会随之恢复过来。

49. A 珍惜　B 处理　**C 享受**　D 欣赏
【题解】A项"珍惜"表示珍重爱惜，多是重要的或难得的事物；B项"处理"表示安排事物、解决问题；C项"享受"表示物质上或精神上得到满足；D项"欣赏"表示享受美好的事物并领略其中情趣。"珍惜时间"的意思是要好好利用时间，不要浪费。根据文章，辛苦了一个星期，周末最想做的事应该是放松、做让自己舒服的事，这在某种程度上不是珍惜，A项不正确；"处理"的宾语不是时间，"处理周末"不能搭配，B项不正确；C项、D项都有享受的意思，但是C项"享受"强调满足，比如吃饭、休息、看电影这些都是享受，D项"欣赏"强调了解其中的乐趣，比如欣赏画、欣赏风景。根据文章，这个人只希望周末的时候轻松，本题选择C项。

50. **A 你会感到极大的轻松**
　　B 你的心情会变得很糟
　　C 你会觉得有电话真方便
　　D 你可能认为会很麻烦他
【题解】家里的水管坏了，管道工来解决问题，心情不可能变糟，B项不正确；管道工的工作是修理管道，你不会觉得麻烦他，D项不正确；有电话方便是真的，但是根据文章，在你遇到问题的时候，有人帮助你，电话不是最重要的，重要的是你不担心了、轻松了，本题选择A项。

51. A 劝　**B 催**　C 陪　D 拉
【题解】A项"劝"表示拿道理说服别人，使人听从；B项"催"表示叫人赶快做某事；C项"陪"表示随同做伴；D项"拉"表示用力使朝自己的方向或跟着自己移动。根据上文中的"一个劲儿"表示不停地连续下去，C项"陪"不能和"不停"搭配，首先排除；D项"拉"需要有身体接触，文章中没有任何司机下车，因此排除D项。堵车的时候，大家只想快点儿走，文中没有任何人说道理，排除A项，堵车的时候，后面有很多车，他们希望你能快点儿走，B项正确。

52. A 原则　B 愿望　C 运气　**D 情绪**
【题解】A项"原则"表示说话做事所依据的法则或标准；B项"愿望"表示希望

将来能达到某种目的的想法;C项"运气"表示命运、幸运;D项"情绪"表示人从事某种活动时产生的兴奋心理状态,有时特指不高兴的情感。文章中"手忙脚乱"表示做事慌张、没有条理,"心里的石头落了地"表示放心了,这些内容都是和心理有关的,因此本题选择和心理状态有关的D项。

53—56.

东汉时期,有个人名叫孙敬,是一位著名的政治家。他年轻时___53___好学,经常关起门,___54___一人不停地读书。每天从早到晚读书,常常连吃饭睡觉的时间都能忘记。读书时间长,劳累了,还不休息。时间久了,又困又累,他怕影响自己的读书学习,想出了一个很___55___的办法。古时候,男子的头发很长。他就找一根绳子,一头紧紧系在房顶上,另一头系在头发上。当___56___的时候,头一低,绳子就会牵住头发,这样会把头皮拉痛,马上就清醒了,再继续读书学习。

53. A 辛苦　B 勤劳　**C 勤奋**　D 艰苦

【题解】A项"辛苦"表示身心劳苦;B项"勤劳"表示努力劳动,不怕辛苦;C项"勤奋"表示不懈地努力学习或工作;D项"艰苦"表示十分困难痛苦。根据文章,孙敬好学,因此本题选择和工作学习有关的C项"勤奋"。

54 A 独立　**B 单独**　C 各自　D 亲自

【题解】A项"独立"表示不依靠他人完成;B项"单独"表示不和别的合在一起,一个人;C项"各自"表示各人自己或各个方面中自己的一方;D项"亲自"表示自己直接做。根据下文中的"一人"可以排除C,强调"独立"完成的事情本身不会那么容易,强调"亲自"做某事或者是因为事情特别重要,或者是为了显示主语的重视,而读书是很普通的行为,所以A和D都不对,因此本题选B项。

55. **A 特别**　B 神秘　C 意外　D 非常

【题解】A项"特别"表示和别的不同、不普通;B项"神秘"表示使人摸不透;C项"意外"表示没想到;D项"非常"表示程度高。我们看到文章中的办法都明白这么做的原因,排除B项;孙敬已经想出了这个办法,不可能"想不到",C项和文章意思矛盾,排除C项;A项、D项都有"和别的不同"的意思,但是"很"可以修饰"特别",不能修饰"非常",因此本题选择A项。

56. A 他准备认真读书
　　B 记不住书里的内容
　　C 他读书疲劳想睡觉
　　D 家人看到他这个样子

【题解】根据下文中的"马上就清醒了"可以选出C项,因为"清醒"做动词表示神志由昏迷恢复正常,只有在想睡觉或生病的时候人才会昏迷,因此本题选择C项。

57—60.

人类的历史实质上是获得知识、利用知识改造世界、实现梦想的历史,所以知识、智慧和经验对你的__57__无疑是至关重要的。但只是获得、拥有前人的知识经验是不够的,__58__才是最重要的。我们平凡的生命因拥有梦想而伟大,短暂的人生旅程因为__59__梦想而变得有趣和有__60__。人生终将走向最后的空寂,但如果在这过程中,我们真诚地爱过、痛过、努力过,拥有坚强的信念,光明的梦想,那生命将不会空手而去。

57. A 成立　B 成就　C 成果　**D 成长**
【题解】A项"成立"表示组织机构等开始存在;B项"成就"表示事业上的成绩;C项"成果"表示工作或事业的收获;D项"成长"表示向成熟的阶段发展。A项"成立"用于组织机构,首先排除;本段文章没有涉及事业,因此排除B项、C项。D项"成长"强调发展,人类获得知识、改造世界,世界发展了,每个人也都是这样,学习知识、利用知识,让自己越来越好,本题选择D项。

58. A 充分利用时间去读书
　　B 拥有许多真正的好朋友
　　C 如何让自己变得更加聪明
　　D 将知识变为自己的人生智慧
【题解】文章说"只是获得、拥有前人的知识经验是不够的",那么什么比知识、经验更重要呢?读书就是为了获得知识,排除A项;"拥有许多真正的好朋友"是很重要,但这和知识、经验是不同的方面,不能比较,B项不正确;C项中的"聪明"表示智力发达,记忆力、理解能力强,D项中的"智慧"表示判断分析、发明创造的能力,知识多可以让人变得更聪明,也可以让人更有智慧,"聪明"和"智慧"相比,"智慧"的水平更高,比"聪明"更重要,因此选择D项。

59. A 实习　B 实行　**C 实践**　D 实验
【题解】A项"实习"表示把学到的理论知识拿到工作中去应用,锻炼工作能力;B项"实行"表示用行动来实现政策、计划等;C项"实践"表示实行自己的主张,履行诺言;D项"实验"表示为了检验某种科学理论或假设进行的活动。根据文章,本题需要选择可以和"梦想"搭配的动词,A项"实习"和工作能力有关,D项"实验"和科学活动有关,排除这两项。B项"实行"、C项"实践"都有用行动实现的意思,B项的主体多是政府机构组织等,对象多是政策、法律、计划等;C项"实践"的主体可以是个人,对象可以是自己的主张,因此选择C项。

60. **A** 意义　B 前途　C 记忆　D 作用

【题解】A 项"意义"是语言文字或其他信号表示的内容,也有价值、作用的意思,"有意义"表示有价值、有好的结果;B 项"前途"表示将来的景象,"有前途"表示未来的发展很好;C 项"记忆"表示保持在脑子里的过去事物的印象,"有记忆"表示有印象,没有忘记;D 项"作用"表示对事物产生的影响、效果,"有作用"表示有效果。"有记忆"的主体应该是人,不是"人生旅程",C 项不正确;"有前途"的主体是人或公司、组织等能够发展的,"人生旅程"不能发展,B 项不正确;"有作用"强调对事物有影响,"人生旅程"不会对别的事物有影响,D 项不正确;梦想成真了,这就是"人生旅程"中有价值的结果,本题选择 A 项。

第 二 部 分

第61—70题:请选出与试题内容一致的一项。

61.

> "二月二"就是农历二月初二,是民间传统节日,流行于全国各民族地区。此节风俗活动较多,又有"花朝节"、"春龙节"、"龙抬头日"等名字。为什么要"二月二"龙才抬头呢?因为传说中龙是负责降水的,而农历二月二农民们要开始种地了,需要雨水,有"春雨贵如油"之说,人们希望龙抬头能带来雨水和丰收。

A 农民们在二月二开始种地

B 二月二是汉族人民庆祝的节日

C 二月二的风俗活动都和"龙抬头"有关

D 人们希望"龙抬头"使春天的雨水多一些

【题解】农历二月二时农民们要开始种地了,并不是在这一天开始,A项不正确;二月二流行于全国各民族地区,不只是汉族人民庆祝,B项不正确;二月二的风俗活动较多,文中没有说这些活动是否和"龙抬头"有关,而且,二月二又叫"花朝节",这说明二月二很可能有跟"花"有关的风俗活动,C项不正确;春天下雨对农民种地有好处,所以人们希望"龙抬头"能带来雨水,D项正确。

62.

> 2009年11月徐易容于北京中关村创立了"美丽说",截至2012年2月,"美丽说"注册用户数超过800万,每天页面访问量超过9000万,并以每天10%的速度增长,是目前国内最大的社区型女性时尚媒体。"美丽说"致力于为女性用户解决穿衣打扮,美容护肤等问题。"美丽说"通过关注更多的时尚密友、搭配高手,发现美丽,搜索流行。

A "美丽说"创立时有800万注册用户

B "美丽说"每天的页面访问量都在增长

C "美丽说"是国内最大的社区型时尚媒体

D "美丽说"致力于为女性用户解决穿衣打扮、美容和健康问题

【题解】截至2012年2月,"美丽说"的注册用户超过800万,不是创立时有800万,A项不正确;"美丽说"的页面访问量以每天10%的速度增长,就是说每天的页面访问量都在增长,B项正确;"美丽说"是目前国内最大的社区型女性时尚媒体,C项不正确;"美丽说"努力解决的问题是穿衣打扮、美容护肤,不包括健康问题,D项不正确。

63.

> 杨柳青年画约产生于明朝晚期,是中国著名民间木版年画,制作方法为"半印半画",即先用木版刻出画面线纹,然后用墨印在纸上,套过两三次单色版后,再以彩笔填绘。杨柳青年画具有人物秀丽、色彩明艳、内容丰富、形式多样、情节幽默、题词有趣等特色,与苏州桃花坞年画并称"南桃北柳"。

A 杨柳青年画大约产生于明朝早期

B 杨柳青年画和苏州桃花坞年画都是木版年画

C 杨柳青年画需要刻在木版上,也需要用彩笔画

D 杨柳青年画具有人物秀丽、色彩明艳、内容简单等特色

【题解】杨柳青年画约产生于明朝晚期,不是早期,A项不正确;文中没有说苏州桃花坞年画是否是木版年画,B项不正确;杨柳青年画是"半印半画"的,说明需要刻在木版上然后印在纸上,再用彩笔画,C项正确;杨柳青年画内容丰富,不简单,D项不正确。

64.

> "灰鸽子"是一个集多种控制方法于一体的木马病毒。"灰鸽子"自2001年诞生之日起就引发了高度关注,截至2006年底已经产生六万多变种。2004年至2006年,"灰鸽子"木马连续三年被国内各大杀毒厂商评选为年度十大病毒。不过如不用于非法用途,"灰鸽子"也是一款优秀的远程控制软件。

A 灰鸽子病毒产生了六万多变种

B 灰鸽子在合法使用时是很好的软件

C 灰鸽子是控制方法简单的木马病毒

D 2006年灰鸽子被网民评选为年度十大病毒

【题解】截至2006年底灰鸽子病毒产生了六万多变种,A项不正确;当使用在合法情况下时,灰鸽子是优秀的远程控制软件,B项正确;灰鸽子是集多种控制方法于一体的木马病毒,不是控制方法简单的病毒,C项不正确;2006年灰鸽子被国内各大杀毒厂商评选为年度十大病毒,不是网民评选的,D项不正确。

65.

> 砖茶就是外形像砖一样的茶叶,它也是紧压茶中比较有代表性的一种,砖茶根据原料和制作工艺的不同,可以分为黑砖茶、花砖茶、米砖茶、青砖茶等几类。砖茶对人体起着一定的保健作用。因而,在中国西北地区有"宁可三日无粮,不可一日无茶"之说,茶与奶、肉并列,成为西北各族人民的生活必需品。

A 紧压茶的外形像砖一样
B 砖茶只流行于中国西北地区
C 砖茶和粮食对人体的保健作用一样
D 砖茶的种类是根据原料和工艺划分的

【题解】紧压茶有很多种,砖茶是其中一种,外形像砖,A 项不正确;砖茶是西北各族人民的生活必需品,但不是只流行于西北地区,B 项不正确;砖茶是紧压茶中的一种,不能说"砖茶就是紧压茶","宁可三日无粮,不可一日无茶"是在说明茶非常重要,并不是说砖茶和粮食的作用一样,C 项不正确;砖茶根据原料和制作工艺不同可以分成很多类,D 项正确。

66.

2003 年中国一本时尚杂志倡导设立男人节,该杂志称,已向联合国教科文组织中国区递交了申报材料,如果国际男人节申办成功,这将是第一个中国发起的国际性节日。为和女人节对应,男人节选在 8 月 3 日。目前有超过 7 成网友表示支持男人节,不少男同胞还收到了"男人节快乐"的祝福短信。上海几家知名公司还在这天给男性员工放了一天假。

A 男人节是 2003 年中国某家报社设立的
B 男人节是第一个由中国发起的国际性节日
C 支持设立男人节的网友比反对设立的网友多
D 上海的所有公司在 8 月 3 日给男性员工放了一天假

【题解】男人节是 2003 年一本中国时尚杂志倡导设立的,A 项不正确;如果男人节申办成功,才是第一个由中国发起的国际性节日,B 项不正确;目前有超过 7 成网友支持男人节,就是说不到 3 成网友反对,支持比反对的网友多,C 项正确;上海几家知名公司给男性员工放了一天假,不是所有公司都这样做,D 项不正确。

67.

灯影牛肉是四川达县的传统美食,已有一百多年历史。相传,这道菜是由唐代著名诗人元稹命名的。因肉片薄而宽,可以透过灯影,有民间皮影戏的效果而得名。灯影牛肉的选料和工艺都非常讲究。一头牛能制作灯影牛肉的部分一共才十公斤左右。目前,灯影牛肉的主要产地是达州和重庆,两地产品在长期发展中各有特色。

A 灯影牛肉的肉片薄而窄
B 灯影牛肉是由唐代著名诗人命名的
C 灯影牛肉是四川达县和重庆的传统美食
D 牛身上只有小部分肉可以制作灯影

牛肉

【题解】灯影牛肉的肉片薄而宽,A项不正确;相传灯影牛肉是唐代著名诗人命名的,不一定是真的,B项不正确;灯影牛肉是四川达县的传统美食,重庆是目前主要的产地之一,C项不正确;一头牛身上只有十公斤左右的肉可以做灯影牛肉,十公斤只是一头牛的一小部分,D项正确。

68.

"泰州学派"是中国历史中第一个真正意义上的思想启蒙学派,它发扬了王守仁的心学思想,主张解放人性。"泰州学派"影响极大,主要传人有王栋、赵贞吉、何心隐等,这些人中有高级官员,也有社会不稳定因素。这一派中还有"中国历史上最伟大的思想家"李贽和影响了明朝历史的人物徐阶。

A "泰州学派"改变了明朝的历史
B "泰州学派"的传人都是高级官员
C "泰州学派"的主张和心学思想有关
D "泰州学派"是中国历史上影响最大的思想启蒙学派

【题解】泰州学派中的徐阶是影响明朝历史的人物,不是泰州学派改变了明朝的历史,A项不正确;泰州学派的传人中也有社会不稳定因素,B项不正确;泰州学派发扬了心学思想,"发扬"表示发展和提倡,说明心学是泰州学派的基础,也就是说泰州学派的主张和心学思想有关,C项正确;泰州学派在中国历史上影响极大,但不是最大的,D项不正确。

69.

白亮污染主要是指白天阳光照射强烈时,城市里建筑物光滑的表面反射光线引起的光污染。长时间在白亮污染环境下工作和生活的人们视力会急剧下降,还可导致血压升高,头昏心烦,失眠等症状。专家预计,由光污染引发的视环境保护技术的研究、护眼产品的开发等将会是21世纪的一大热点,并带来巨大的经济效益。

A 白亮污染也叫光污染
B 光污染促使人们开发护眼产品
C 白亮污染只对人们的视力有影响
D 视力下降使人血压升高、头昏心烦

【题解】白亮污染是光污染的一种,A项不正确;光污染会引发视环境保护技术的研究、护眼产品的开发,B项正确;白亮污染还可导致血压升高、失眠等,不只是对人们的视力有影响,C项不正确;人们血压升高、头昏心烦是因为长时间在白亮环境下工作生活,不是因为视力下降,D项不正确。

70.

> 天宫一号是中国第一个目标飞行器和空间实验室，于2011年9月29日21时16分3秒在酒泉卫星发射中心发射。它的发射标志着中国迈入中国航天"三步走"战略的第二步第二阶段。2011年11月3日顺利实现与神州八号飞船的对接任务。2012年6月18日与神州九号飞船实现自动交会对接，在不久的将来，天宫一号还将与神州十号进行对接，并建立中国首个空间实验室。

A 天宫一号是中国发射的第一个目标飞行器

B 发射天宫一号标志着中国进入航天"三步走"的第一步

C 神州八号、九号、十号都完成了与天宫一号的对接任务

D 中国航天"三步走"的第三步是建立中国首个空间实验室

【题解】天宫一号是中国第一个目标飞行器，2011年9月29日在酒泉发射，A项正确；发射天宫一号标志着中国进入航天"三步走"战略的第二步第二阶段，B项不正确；神州八号、九号完成了与天宫一号的对接任务，神州十号将按照计划进行对接，现在还没有做，C项不正确；文中没有提到中国航天"三步走"的第三步是什么，D项不正确。

第 三 部 分

第71—90题：请选出正确答案。

71—74.

某一个地区，有两个报童在卖同一份报纸，二人是竞争对手。(71)第一个报童很勤奋，每天在大街上叫卖，嗓门也响亮，可每天卖出的报纸并不多，而且还有减少的趋势。(71)第二个报童肯用脑子，除了在大街上叫卖外，他还每天坚持去一些固定场合，去了就给大家分发报纸，过一会儿再来收钱。地方越跑越熟，报纸卖出去的也就越来越多。渐渐的，第二个报童的报纸卖得更多，第一个报童能卖出去的就更少，不得不另寻生路。第二个报童的做法大有深意：第一，在一个固定地区，对同一份报纸，读者客户是有限的。买了我的，就不会买他的，我先将报纸发出去，这些拿到报纸的人肯定不会再去买别人的报纸。等于我先占领了市场，我发得越多，他的市场就越小。这对竞争对手的利润和信心都构成打击。第二，报纸这东西不像别的消费品有复杂的决策过程，随机性购买多，一般不会因质量问题而退货。而且钱数不多，大家也不会不给钱，今天没零钱，明天也会一块儿给。第三，即使

有些人看了报，退报不给钱，也没什么关系，一则总会积压些报纸，二则他已经看了报，肯定不会再买同一份报纸，相信他以后还会选择自己的报纸。

71. 第一个报童：

A 非常害羞　　B 资金很少
C 工作不认真　**D 没有固定客户**

【题解】第一个报童很勤奋，说明他不是工作不认真，C项错误；每天在大街叫卖，嗓门也响亮，说明他并不是害羞，A项错误；文中没有提到资金问题，B项也是错误的；因为他只是在大街上叫卖，所以可以知道他并没有固定的客户，D项是正确的。

72. 第二个报童的生意好是因为他：

A 抢先占领市场
B 把报纸价格放低
C 会送一些小礼物
D 对人非常有礼貌

【题解】由文中可知，第二个报童肯用脑子，他除了和第一个报童那样在大街上叫卖之外，还"每天坚持去一些固定场合，去了就给大家分发报纸，过一会儿再来收钱"，由于他的这种做法，许多人都成了他的固定客户，由此可知，他的生意好是因为他抢在第一个报童前拉

拢了许多固定客源,抢先占领了市场,A项是正解答案。

73. 可以替换文中最后一段"决策"的词语是:

A 奋斗　**B 决定**　C 策略　D 消费

【题解】根据文中"报纸这东西不像别的消费品有复杂的决策过程,随机性购买多,一般不会因质量问题而退货"可以知道,此处的"决策"有"决定"的意思,是指买报纸并不需要做出很复杂的决定,想买就买,不想买就可以不买,因此正确答案为B项。

74. 这个故事说明了什么?

A 知识就是力量
B 理想决定命运
C 智慧胜于勇气
D 自信非常重要

【题解】故事中第二个报童由于肯动脑子,善于经营,所以卖出的报纸比第一个报童要多,通过他的做法我们可以知道,他的成功在于他很聪明,做生意并不是只需要勇气,有没有智慧可以决定是否能够成功,因此正确答案为C项。

75—78.

(75)方便面在中国的发展始于1970年,中国第一袋方便面出自上海益民食品四厂。制造方便面的机器是中国自己制造的土设备,年产量仅20吨。进入80年代,从国外引进的100余条生产线在全国迅速"开花"。(76)到1989年,全国方便面生产线已达280条,年生产能力达70万吨。时隔6年后的1995年,生产能力增加到700万吨。由于前几年生产随意扩张,近年方便面产量增速缓慢。很多人把方便面称为垃圾食品,但在河南郑州召开的第六届中国面制品产业大会上,(77)专家指出,方便面不仅不是垃圾食品,而且营养成分比较全面,人体所需要的6大营养素全都具备。(78)目前国内外都在开发新的营养型方便面,比如加铁的营养强化型方便面、减肥型方便面、适合不能吃糖的病人食用的方便面等,将来可满足不同人群的营养需要。

75. 中国生产第一袋方便面是在:

A 60年代　　**B 70年代**
C 80年代　　D 90年代

【题解】根据文中"方便面在我国的发展始于1970年"可以知道,中国开始生产方便面是在1970年,正确答案为B项。

76. 八十年代中国的方便面年生产力达到:

A 20吨　　　B 100吨
C 70万吨　D 280万吨

【题解】文中"到1989年,全国方便面生产线已达280条,年生产能力达70万吨"告诉我们,八十年代中国的方便面年生产力达到70万吨,因此正确答案为C项。

77. 专家认为方便面:
　　A 很有营养
　　B 是垃圾食品
　　C 不适合病人吃
　　D 最好一周吃一次

【题解】很多人都认为方便面是垃圾食品,没有什么营养而言,但在第六届中国面制品产业大会上,专家认为方便面的营养成分比较全面,人体所需要的六大营养素全都具备,因此正确答案为A项。

78. 根据本文可知,减肥型方便面:
　　A 价格很贵　　B 只适合女性
　　C 还没研发出来 D 深受大家欢迎

【题解】新的营养型方便面现在还处在开发阶段,这包括"加铁的营养强化型方便面、减肥型方便面、适合不能吃糖的病人食用的方便面"等,但这些方便面现在还没研发出来,以后才会有,因此正确答案为C项。

79—81.

(79)彩虹是因为阳光照射到空中接近圆形的小水滴,造成光的色散及反射而形成。阳光照射水滴时会同时从不同角度射入,在水滴内也是以不同的角度反射。当中以40至42度的反射最为强烈,形成我们所见到的彩虹。

(80)形成这种反射时,阳光进入水滴,先折射一次,然后在水滴的背面反射,最后离开水滴时再折射一次。因为水对光有色散的作用,不同的光的折射率有所不同,蓝光的折射角度比红光大。由于光在水滴内被反射,所以观察者看见的光的顺序是倒过来,红光在最上方,其他颜色在下。其实只要空气中有水滴,而阳光正在观察者的背后以低角度照射,便可能产生可以观察到的彩虹现象。

彩虹最常在下午,雨过天晴时出现。这时空气内灰尘少而充满小水滴,天空的一边因为仍有雨云而较暗。而观察者头上或背后已没有云,可以看见阳光,这样彩虹便会较容易被看到。(81)彩虹的明显程度,取决于空气中小水滴的大小,小水滴体积越大,形成的彩虹越鲜亮,小水滴体积越小,形成的彩虹越不明显。一般冬天的气温较低,在空中不容易存在小水滴,下雨的机会也少,所以冬天一般不会有彩虹出现。

79. 阳光照射什么形成彩虹?
A 光线　B 云彩　**C 水滴**　D 空气
【题解】阳光照射到空中接近圆形的小水滴,造成光的色散及反射形成了彩虹,正确答案为C项。

80. 彩虹的形成需要几次反射?
A 一次 B 两次 C 三次 D 不需要
【题解】阳光进入水滴,先折射一次,再反射,最后再折射一次,所以是经过两次折射和一次反射,正确答案为A项。

81. 彩虹比较鲜艳的时候,空气中:
A 灰尘较多　　**B 水珠较大**
C 云层较厚　　D 光线较暗
【题解】根据文中"彩虹的明显程度,取决于空气中小水滴的大小,小水滴体积越大,形成的彩虹越鲜亮,小水滴体积越小,形成的彩虹越不明显"可以知道,当彩虹比较明显比较鲜艳的时候,空气中的小水滴比较大,正确答案为B。

82—86.

　　表弟大学刚毕业,在一家私营企业找了份工作,工资不高,工作还算轻松,在计算机前统计公司产品的销量,做一些报表。这份工作让他很不开心,他说:"(82)和几个中专生干一样的工作,虽然工资比他们高点儿,但什么也学不到,这样下去太吃亏。"

　　那天吃饭,一起坐的除了表弟,还有一个当饭店老板的亲戚。他微微一笑:"我给你们讲讲我的经历吧。初中毕业后,因为家里穷,没钱再供我读书,我去学厨师。在厨师学校,我的成绩非常好,结果,被招聘到一家饭店。刚进饭店时,老板分配我上菜,我没有不高兴,一边上菜,一边观察厨师的操作技艺,很快学会了学校里没有学过的菜系和花样。(83)有时,饭店生意忙,我也去后厨帮忙,拿的还是上菜的工钱。就这样干了一段时间,命运出现转机,一位厨师辞职了,(84)老板让我试试,结果,我比辞职的厨师干得还好。因为有上菜的经历,我对客人们喜欢的饭菜比较了解,后来,饭店的菜系和品种很多采用我的设计。我在那家饭店干了5年,挣了将近15万元,这也算是我人生的第一桶金吧,用这笔钱,我开了现在这家饭店。"

　　那位亲戚接着说:"我认为你干的活儿一点儿也不吃亏,统计公司的产品销量,要不了多久,你就会对公司产品的销量了如指掌;你还能掌握公司主要客户的基本信息,以及公司的财务状况。这些核心的机密尽在你的掌握中,怎么能说自己吃亏呢?将来创业的话,这是无价之宝啊。"

82. 表弟为什么不满意自己的工作?
A 觉得工资太低
B 工作强度太大
C 认为没有前途

D 和同事相处不好

【题解】表弟认为自己在单位里什么也学不到,自己一个大学毕业生,做着和中专生一样的工作,没有什么发展前途,正确答案为C项。

83. 亲戚刚到饭店时:
A 受到老板的重用
B 经常去帮助别人
C 认了厨师当老师
D 觉得工作很辛苦

【题解】亲戚刚到饭店时,边干活边偷偷学习,在饭店生意忙的时候,主动无偿地去后厨帮忙,因此正确答案为B项。

84. 亲戚当上了厨师是因为:
A 同事的推荐　　B 客人的建议
C 老板的欣赏　　D 老师的支持

【题解】因为亲戚在饭店的表现,得到了老板的重视,所以在厨师辞职的情况下,老板就让亲戚去尝试当厨师,正确答案为C项。

85. 可以替换文中"了如指掌"的词语是:
A 一清二楚　　B 易如反掌
C 反手可得　　D 一了百了

【题解】"了如指掌"的意思是形容对情况非常清楚,像指着自己的手掌给人看。"易如反掌"是指像翻一下手掌那样容易,比喻事情很容易办成;"反手可得"是指翻转手掌就可得到,形容极其易得;"一了百了"指由于主要的事情了结了,其余的事情也跟着了结。"一清二楚"是指十分清楚明白,文中是指表弟对公司产品的销量十分了解,因此可以替换"了如指掌"的词语是A项。

86. 下列哪项最适合做上文的标题?
A 吃亏是福
B 一个出色的厨师
C 自信是最重要的
D 寻找最优秀的人才

【题解】表弟对自己的现状不满,认为自己现在太吃亏,亲戚通过自己的经历给表弟讲道理,告诉他只要自己努力,不会一直都吃亏,正确答案为A项。

87—90.

毕业那年,老师站在讲台上给我们上了最后一节课,整节课上的气氛活跃,大家问了很多平时不敢问的问题,老师也都一一解答。最后老师说:"你们的问题问完了,该我来问你们三个问题。"同学们喊道:"老师,别说是三个,一百个我们也老老实实回答您。"

老师笑着说:"第一个问题,世界上最高的山是哪座山?"大家大笑:"喜玛拉雅山。"老师追问:"第二高的呢?"同学们你看看我,我看看你,无人应声。老师在黑板上写:(88)屈居第二与默默无闻毫无区别。

"第二个问题,有人要烧壶开水,等生好火发现柴不够,他该怎么办?"同学们有的说赶快去找,有的说去借、去买。老师说:"(89)为什么不把壶里的水倒掉一些?"大家一听,表示佩服。

"第三个问题,也是最后一个问题,古代有一人想学立身的本领,经过反复比较,决心去学杀龙的本领。他拜名师,日夜苦练,终有所成。他会怎么样呢?"同学们都说他能成为英雄、明星,受世人美慕。老师摇头道:"这个人一定会穷困一生,因为世上根本就没有龙。同学们好好想想吧,下课!"

在最后一节课里,老师短短的三个问题饱含哲理,发人深省。(87)经历了很多年,我们才渐渐明白题中之义。如果当时的我们,在听完这三个问题之后,不是一笑而过,而是静下心来仔细思考、深刻理解,那么他的人生一定会非常精彩。

87. 关于这节课,下列哪项正确?

A 同学们都很伤感

B 大家在认真复习

C 老师回答了三个问题

D 给我们留下很深的印象

【题解】那节课气氛活跃,证明大家并不伤感,A是错误的;课堂上大家问了很多平时不敢问的问题,说明大家没有在复习,B可以排除掉;老师一一回答了大家的问题后,向同学们提出了三个问题,C也是错误的;这节课在毕业之后很多年后我们都还能记得,说明给我们留下了很深的印象,D项是正确的。

88. 通过第一个问题,老师希望我们:

A 必须正确认识自己

B 做事前要认真思考

C 要有去争第一的勇气

D 做最适合自己的事情

【题解】老师通过问同学们哪座山最高,哪座山第二高,告诉学生人们通常只会记得第一,排名第二很可能不为人知,他希望大家在以后的学习工作中有争当第一的勇气与决心,正确答案为C项。

89. 老师认为柴不够时,应该怎么把水烧开?

A 马上去买一些

B 向邻居借一点儿

C 换一个小水壶

D 倒掉一部分水

【题解】同学们在老师提出问题后想出了不少主意:去买一些柴或是去借一些,但这些都不是老师心中的答案,所以A和B都是错误的,老师提示同学们可以把水壶里面的水倒掉一些,这样在柴不够的情况下也可以把剩下的水烧开,因此正确答案为D项。

90. 第三个问题告诉我们：
    A 对自己要有信心
    B 不能没有进取心
    C 要找准人生的方向
    D 得给自己定个目标

【题解】第三个故事中的那个人空有一身本领，但却因为世上根本就没有龙而无法大展身手，无法扬名天下，老师通过这个故事告诉同学们，在以后的道路上一定要找准自己努力奋斗的方向，否则会一事无成，正确答案为C项。